O MANUAL DA
AUTÊNTICA BRUXA

Maura

O manual da autêntica bruxa

Tradução de
Enrico Corvisieri

9.ª EDIÇÃO

EDITORA BEST SELLER

CÍRCULO DO LIVRO

Título original: *Il Manuale della perfetta strega*
Copyright © Laura Rangoni Editore, 1994
Licença editorial para o Círculo do Livro.
Todos os direitos reservados.

EDITORA NOVA CULTURAL LTDA.
Direitos exclusivos da edição em língua portuguesa no Brasil
adquiridos pela Editora Nova Cultural Ltda.,
que se reserva a propriedade desta edição.

EDITORA BEST SELLER
uma divisão da Editora Nova Cultural Ltda.
Rua Paes Leme, 524 - 10º andar - CEP 05424-010
Caixa Postal 9442 - São Paulo - SP

2001

Impressão e acabamento: DONNELLEY COCHRANE GRÁFICA E EDITORA BRASIL LTDA.
CÍRCULO - Fone (55 11) 4191-4633

*Para
Exu Tranca-Ruas,
o guardião das Portas*

e

a

*Laura,
belíssima gata do mar.*

SUMÁRIO

Ser bruxa 11
Perfil espiritual da bruxa 13
Pequenos exercícios cotidianos
  para entrar em contato com
  as forças invisíveis 15
Orações do antigo Egito 21
Orações cristãs 22
Orações ao Deus da Luz e das Trevas . 22
A magia das cores e das velas 25
Pequeno ritual para sentir-se em
  harmonia consigo mesma 29
Como vencer a timidez e o medo ... 31
Como afastar as energias negativas
  e o azar 35
Como atrair o amor 39
Como enfeitiçar uma pessoa conhecida . 41
Como tornar um amor eterno
  (e evitar as traições) 43
Como afastar as energias negativas
  dos locais de trabalho 45

Receita para um banho regenerador
e revigorante 47
Amuletos doados pela natureza 49
Ritual de amor com o trevo de
quatro folhas 51
Chá do amor 53
Ritual de poder com a oliveira 55
Água de lua cheia 57
Animais mágicos e que dão sorte . . . 59
A propósito de magia negra 61
A pirita atrai-dinheiro 63
O perfume da bruxa 65
Banho afrodisíaco 69
Ritual dedicado a quem fuma 71
A cruz e seus milagres 73
O cobre, metal de cura e propiciador
de amor. 75
A massagem purificadora
e energizante com as plantas 77
Magia de amor com os livros 79
Como aumentar a própria carga
erótica com um granate 81
Purifique-se com o cristal de rocha . . 83
Como afastar uma pessoa indesejável . 85
Como harmonizar-se com as flores . . 89
Como desenvolver seus poderes
ocultos com o lápis-lazúli 93

Pequeno ritual do sucesso e do poder . . 95
Os poderes dos gnomos 97
Pequeníssimos rituais e conselhos
  para mil ocasiões 99
Quantos 105
Conclusão 107

SER BRUXA

Erguendo o véu negro e espesso que por muitos séculos sufocou a bruxaria e a mulher, como sua principal expoente, encontramo-nos diante de uma inimaginável realidade: a magia existe e é a parte mais profunda e verdadeira que permeia todas as criaturas. Este binômio é fascinante e abre uma porta, freqüentemente trancada, entre a fantasia e a realidade.

Em primeiro lugar é preciso reavaliar o termo "bruxa", que muitos associam a mulheres velhas e feias ou jovens e belas, mas de qualquer maneira pérfidas e infernais. A bruxa, na verdade, herdeira da sacerdotisa pagã da antiqüíssima religião da Grande Mãe, é uma mulher que vive em profunda simbiose com a Natureza, com seus ciclos, ritmos e mistérios. A própria Natureza é, em sua essência, um encantamento. Claro, nem sempre a bruxa usou seus poderes e conhecimentos com objetivos benévolos, porém todas as coisas são assim: o preto e o branco se entrelaçam continuamente, movimentando e marcando o tempo do universo.

Redescobrir a porção bruxa, que dormita ou trabalha inconsciente em cada mulher, é o objetivo deste livro, que pretende ser um manual de receitas mágicas poderosas e facílimas, formidáveis para resolver os pequenos e grandes problemas da vida cotidiana.

PERFIL ESPIRITUAL
DA BRUXA

Não existe um traço característico que identifique fisicamente a bruxa. Ela pode ser jovem, velha, loira, morena, magra, formosa, feia, gorda. Pode-se apenas notar a maneira pela qual sorri por causa do sol e da chuva ou com que seus olhos brilham ao admirar o vôo das gaivotas ou o movimento sinuoso de um gato.

Ela ama a Natureza e vive sentindo, mais do que pensando ou imaginando. É uma mulher bonita e fascinante também como pessoa, porque seu espírito é único, vivo e misterioso. Adora a vida em todas as suas formas, reza para deuses esquecidos, embora sempre vivos, e sente-se uma rainha. Ajuda com palavras gentis, vinga-se se é ofendida, perdoa com arrebatamento. Não aceita imposições, mas quase sempre se impõe, às vezes abertamente, às vezes com astúcia. É um espírito livre e aprecia a liberdade alheia.

Pode ser caprichosa ou perseverante, porém é sempre sábia e consciente de sua magnitude e seu desmedido poder. Enfurece-se com o mal feito injustamente, embora possa ser impiedosa e cruel ao buscar seus objetivos. Usa sempre seu poder, não pode evitar: segue a Natureza e seus ensinamentos, a Lua é sua companheira e as estrelas falam com ela.

Ser bruxa significa viver e agir na própria essência antiqüíssima e imorredoura, seguindo aquela luz divina que é a primordial faísca da alma.

PEQUENOS EXERCÍCIOS COTIDIANOS PARA ENTRAR EM CONTATO COM AS FORÇAS INVISÍVEIS

Se pararmos um instante para observar nossa vida com objetividade, nós nos assustamos e, ao mesmo tempo, ficamos admiradas. O susto é por notar quantos pesos carregamos, quantos obstáculos temos de superar, quantos abismos precisamos conhecer e aceitar; a admiração é por constatar que na maioria das vezes sobrevivemos.

Viver é uma alegria e um milagre: assim deveria ser sempre, embora as dificuldades, a morte, as doenças, as desilusões afastem nosso espírito do mundo esplendoroso e secreto da Natureza. Bem, chegou o momento de tomarmos consciência de que a Natureza não nos abandonou, de que seus tesouros e segredos estão ao nosso alcance, já que nós também, e sobretudo *nós*, mulheres, somos um de seus "mistérios".

Somos criaturas que pertencemos a dois mundos (a uma infinidade de planos, na verdade, mas isso cada uma terá de descobrir): um muito cinzento, pesado e sólido, e outro solto, tênue, palpitante como nossa alma. Em verdade, os dois são a continuação um do outro: a energia que os compõe é sempre a mesma, contudo adensada de maneira diferente. O ser humano é o perfeito conúbio entre essas duas densidades. Somos verdadeiros milagres, corpo e espírito de uma só vez, e nenhuma dessas partes deve ser esquecida ou subestimada. O espírito, por ser tênue, refinado, é mais poderoso que a matéria; entretanto, esta pode fornecer grandes meios de prazer e de elevação (basta pensar nas alegrias do alimento, do sexo etc.).

A alma está em contato com o invisível: uma espécie de universo das fábulas, onde encontramos fadas, gnomos, espíritos maléficos e gênios bons, os mortos, os anjos, os demônios de todas as religiões e credos. E todos rigorosamente verdadeiros. Um universo que, não o esqueçamos, é também nosso. Freqüentemente, porém, ignoramos essa arca do tesouro e nos dedicamos a combater nossas mil batalhas com a força do corpo e com a parte mais pesada e cega de nosso espírito.

Existem pequenas técnicas cotidianas que podem colocar-nos em contato ativo com o cosmo espiritual (visto que, mesmo que procuremos pôr de lado esse *outro* mundo, ele continua interagindo conosco).

As ORAÇÕES: são um molho incontável de chaves, capazes de abrir todo tipo de porta.

A MEDITAÇÃO: mesmo como simples relaxamento, permite à alma abrir-se docemente.

Essas duas formas de contato podem ser auxiliadas pela utilização de velas, incensos, talismãs, amuletos naturais...

Rezar não quer dizer repetir fórmulas da nossa religião, mesmo que antiqüíssimas (e, portanto, cheias de força), mas escolher aquelas que *sentimos* mais intensamente, de quaisquer credos, ou criá-las nós mesmos, dirigindo-as às "Forças Cósmicas" ou a entidades específicas.

Meditar, ao contrário, significa desatar o

nó estorvador da racionalidade. É suficiente deitar-se na cama, fechar os olhos e imaginar uma maré azul e doce inundar o corpo, cada músculo, cada nervo, aplainar cada aspereza e trazer paz e bem-estar. Este é apenas um rápido exemplo escolhido entre milhares de técnicas de relaxamento. Cada pessoa poderá também inventar seu método pessoal.

De manhã, após levantar-se (ou depois de um fortificante café, se for necessário!), abra a janela para ventilar o quarto (no inverno, pode deixá-la aberta por pouco tempo e depois fechá-la, antes de entrar). Vire-se para o leste, o ponto cardeal do Nascente, ou para o norte, aquele das bruxas, depois feche os olhos e respire fundo três vezes. Imagine que, inspirando, entre em seu corpo um fluxo de energia viva, branca, cintilante, e que, expirando, saia a energia cinzenta e estagnada que a oprime.

Agora que você está em contato consciente e puro com as forças que a circundam, pode recitar a sua oração e, se quiser, faça pedidos.

As entidades que a envolvem não são, obviamente, suas escravas mas suas amigas: dedique a elas, em troca dos favores recebidos, um pensamento de gratidão, o perfume de um incenso, a chama de uma vela e, principalmente, a sua fé.

A seguir, você encontrará algumas valiosíssimas preces.

ORAÇÕES DO ANTIGO EGITO

Oração a Nut, a deusa do céu

Ó Nut do largo passo, quando semeias a esmeralda, a malaquita, a turquesa como estrelas! Se tu és verde, eu também sou verde. Verde como uma planta viva.

Oração de abertura da alma

O porvir floresce ao meu encontro, visto que Eu sou aquela que ilumina os milhões de anos que virão.

Oração de uma deusa aos deuses

Em nome de Rá, Ísis, Osíris, Hórus, Ptah, Thot, Tum, Nut, Anubis, Athor,
Eu sou Bastet, a deusa dos Mistérios da Natureza.

ORAÇÕES CRISTÃS

Que a paz do Senhor esteja sempre comigo!
Que o amor do Senhor esteja sempre comigo!
Que eu e Ele possamos ser um só!

Que a paz e a bênção de Deus onipotente
estejam sempre comigo!
Que o amor e o perdão de Deus
estejam sempre comigo!

Meu Senhor, ilumina-me por meio de
Teu amor!
Meu senhor, ilumina-me por meio de
Tua iniciação!

ORAÇÕES AO DEUS DA LUZ E DAS TREVAS

Meu grande Senhor da Luz e das Trevas,
abre-me cada caminho em direção à realização
mágica
abre-me cada caminho em direção à realização
total
e me protege de cada inimigo manifesto ou
oculto.

O Senhor da Luz e das Trevas está dentro de mim e me acompanha a cada passo. Eu sou onipotente na Luz.

Orações à Grande Mãe

Eu sou a Deusa, eu sou a Bruxa
Eu sou aquela que ilumina e protege
O poder da Grande Mãe está dentro de mim.

Que a Grande Mãe
a Senhora do Norte
encha de frutos a árvore da minha vida.

Grande Deusa que habita dentro de mim
santifica cada palavra minha e cada ato meu
afasta cada sombra da minha vida
ilumina todas as minhas estações
torna-me forte na dor
torna-me bela no amor.
Que o teu nome e o teu poder
sejam o meu nome e o meu poder.
Assim sempre foi, assim sempre será.

Orações às forças cósmicas

Eu me uno às forças cósmicas
no grande e eterno ciclo

que tudo pode e tudo é.
Eu sou tudo.

Grandes forças cósmicas, descei sobre
minha alma
e tornai-me poderosa.
Eu vos agradeço, minhas grandes forças
                                    cósmicas,
e vos entrego meu amor e minha força.

    Essas são apenas algumas breves preces-evocações, contudo as palavras fluirão espontâneas do seu espírito, logo após tê-lo libertado do jugo da racionalidade limitadora.
    Basta desejar, sentir e deixar-se levar.

A MAGIA DAS CORES
E DAS VELAS

Simples e poderosíssima é a magia da chama e das cores que, se associadas, podem dar resultados incríveis. Lembre sempre que você é uma bruxa, que a vida é magia.

Veja na tabela da próxima página as analogias entre cores, planetas e signos zodiacais. Vestir pelo menos um traje da própria cor significa cair nas graças dos espíritos planetários, assim como acender uma vela correspondente ao planeta que deva nos prestar um favor.

SIGNO	PLANETA	CORES
Áries	Marte	Vermelho
Touro	Vênus	Verde
Gêmeos	Mercúrio	Roxo
Câncer	Lua	Branco-prata
Leão	Sol	Ouro, amarelo
Virgem	Mercúrio	Roxo
Balança	Vênus	Verde, rosa
Escorpião	Plutão	Vermelho-escuro
Sagitário	Júpiter	Azul, azul-marinho
Capricórnio	Saturno	Cinza, preto
Aquário	Urano	Marrom
Peixes	Netuno	Verde-água, índigo

Esta tabela serve para se orientar no interior do universo dos planetas e das cores, e para poder executar pequenos mas poderosos rituais propiciatórios.

Cada planeta exerce um determinado poder sobre uma esfera de influência terrena.

O Sol é o planeta do sucesso, da fama, do trabalho, da vitória. É o símbolo do poder masculino.

A Lua é o planeta dos fluxos e refluxos, da cura, da pureza, dos poderes ocultos. É o símbolo do poder feminino.

Marte é o planeta da guerra, da força, da coragem, da paixão batalhadora.

Mercúrio é o planeta do conhecimento,

do comércio, das trocas, das relações públicas, da sabedoria oculta.

Júpiter é o planeta do dinheiro, da multiplicação, da fartura, da hierarquia, do poder da religião constituída.

Vênus é o planeta do amor, do erotismo, da arte, da diplomacia.

Saturno é o planeta da consolidação, da cristalização, do oculto.

Plutão é o planeta da força ativa e oculta, da agricultura, dos mortos.

Netuno é o planeta da transformação, do definitivo, do profundo.

Agora, você tem a sua disposição um pequeno patrimônio oculto, muito simplificado, é verdade, porém eficaz para quaisquer situações.

Por exemplo, se você é de Virgem e precisa enfrentar uma entrevista de trabalho, portanto de competência do Sol, pode usar um *foulard* com tons roxos e dourados.

Se você é de Escorpião e deseja ter um encontro de amor com um leonino, pode acender uma vela vermelha e uma amarela, e vestir uma roupa verde.

A vela é uma forma muito poderosa de estar em sintonia com as forças da Natureza:

a chama é ao mesmo tempo o seu desejo, ou o seu agradecimento, e a força dos espíritos invocados; o calor, energia que vibra em várias freqüências, sempre alcança as forças desejadas.

Não esqueça essa portentosa fonte de magia e de beleza: fogo, terra e espírito unidos para realizar os seus desejos.

PEQUENO RITUAL PARA SENTIR-SE EM HARMONIA CONSIGO MESMA

Quantas vezes acontece de nos sentirmos inadequadas, cansadas, fora de sintonia com aquilo que somos ou que gostaríamos de ser? Muito bem, é o momento de nos reservar quinze minutos para reanimar-nos e voltar esplendorosas.

Encha a banheira com água quente, não fervente, e acrescente um quilo de sal grosso (purificador), algumas gotas de essência de alecrim (tonificante), de rosas (relaxante e estimulante) ou de almíscar (fortificante e sedutor), conforme a sua fraqueza momentânea.

Pode acrescentar um punhado de suas flores preferidas, lembrando que as rosas vermelhas propiciam ao seu corpo e ao seu espírito um quê de fascínio e de paixão; que o lótus acalma os nervos e clareia os pensamentos; que o lírio branco devolve aquela clareza de espírito que você talvez receie haver perdido; que as flores do campo a colocam em contato íntimo com a terra e com todas as suas energias e que a orquídea dá a você a determinação para enfrentar uma situação específica.

Antes de mergulhar nesse seu paraíso terrestre, acenda uma vela branca, pedindo aos espíritos bons que afastem todas as sombras da sua vida.

Permaneça imersa por uns quinze minutos, mantendo os olhos fechados, e devaneando sobre aquilo que você possui de mais bonito: companheiro, filho, um aspecto do seu caráter, um encontro, um objeto querido.

Deixe-se embalar pelos espíritos que você evocou e, se quiser, converse com eles, ouvindo as respostas que com certeza surgirão em seu coração.

Por fim, saia da banheira: você acabou de nascer e está linda. Apague a vela, agradecendo às forças que lhe fizeram companhia, e que podem ser fadas, elfos, anjos ou pequenos e simpáticos diabinhos. A vela servirá para outros banhos.

COMO VENCER A TIMIDEZ
E O MEDO

É uma sensação terrível a do medo. Medo de não estar à altura, de não ser capaz. E, junto, aquela intolerável palpitação. Com esse ritual, a ser executado todos os dias até a solução do problema, você irá se admirar com a transformação para melhor da sua vida cotidiana.

Apanhe duas velas: uma cinza e uma vermelha. Na vela cinza, que representa a sua timidez ou o medo, grave, com suas próprias palavras e sucintamente, o seu tormento.

Por exemplo: "Sou tímida demais"; ou "Tenho medo de tudo"; ou ainda "Tenho medo de ser pouca coisa", e assim por diante.

Segure-a apertado, procurando transmitir-lhe aquela sensação que a paralisa ou a envergonha. Depois apanhe a vela vermelha; esta cor é o símbolo da força que lhe falta ou que está escondida dentro de você.

É a cor de Marte, da coragem, da combatividade, e daquela pitada de agressividade que lhe falta. Nela, grave uma frase que mostre aquilo que você quer ser: "Sou corajosa", "Sou forte", "Posso fazer X", se tiver necessidade de um estímulo específico.

De manhã ou à noitinha, todavia também em qualquer momento que tiver necessidade, acenda as duas velas, primeiro a cinza e depois a vermelha. A vela cinza consome-se destruindo com sua chama os temores e a timidez: observe-a por alguns instantes, feliz, porque o ritual que resolverá o seu problema teve início.

Depois observe a vela vermelha: sua chama vai lhe trazer aquela energia e aquela coragem que lhe fazem falta, sua força substitui o cinza que vai embora. Quanto mais tempo você mantiver acesas as duas chamas (enquanto isso, poderá fazer o que quiser), mais rapidamente o ritual agirá.

Faça-o todos os dias e, se puder, à mesma hora, mas isso não é essencial; e, se após as duas velas terem se consumido, ainda não se sentir totalmente bem, repita o ritual. Logo perceberá as mudanças que acontecerão em sua vida, e isso a incentivará a ser constante com a sua magia. Lembre-se: quando apagar as velas, agradeça aos Espíritos da Chama ou àqueles de sua preferência, e acenda um incenso em sua homenagem.

COMO AFASTAR AS ENERGIAS NEGATIVAS E O AZAR

Há momentos, e infelizmente também períodos, nos quais tudo parece dar errado. Talvez não aconteçam fatos graves, mas muitas pequenas coisas não entram nos eixos. Existem rituais que permitem afastar o negativo que nos circunda, qualquer que seja sua origem.

Se tiver a sorte de viver no campo ou no litoral, ou se puder para lá se dirigir nos fins de semana, será a própria Natureza que a livrará do mal. Se estiver no campo ou na montanha, vá até um lugar isolado, possivelmente um bosque, e procure um canto que você "sinta" de maneira especial.

Não esqueça: ao caminhar, respire profundamente e deixe-se invadir pela energia da Natureza (e, por favor, não se perca!).

A Natureza é a expressão da Grande Mãe,

Deusa que é encarnada por todas as mulheres. Você é bruxa, você é deusa. Quando tiver encontrado aquele recanto da terra que você sentir como sendo seu, deite-se sobre a relva e feche os olhos.

Peça em voz alta a permissão para deixar ali todas as energias negativas que possui, de forma que a natureza possa reelaborá-las, e para receber em troca uma energia pura e poderosa.

Agora imagine o azar e a negatividade, sob a forma de fluido escuro, que saem do seu corpo deitado e são absorvidos pela terra. Quando essa imagem desaparecer, substitua-a com aquela de uma fonte de energia que jorra justamente embaixo de você, e que a encharca de energia vital e benéfica.

Quando se sentir repleta dessa força, levante-se e agradeça à Natureza, à Grande Mãe ou aos espíritos do lugar, deixando alguns biscoitos ou algo de seu, como um lenço verde ou um colarzinho colorido etc...

Se você estiver no litoral, vá até a praia e coloque os pés nus naquela faixa de areia que é ritmicamente molhada pelas ondas. Peça ao mar, à Rainha do Mar, às Ondinas ou aos espíritos marinhos que a libertem da negatividade e que a substituam com energia limpa, forte e inatacável.

Imagine ver a sua negatividade sair como uma cobra preta dos seus pés, mergulhando no mar.

Você experimentará uma agradável sensação de bem-estar, e nesse ponto imagine que do fundo do oceano chega um fluxo de energia azul, brilhante, que penetra em seus pés e circula em seu corpo junto com o sangue. Quando estiver repleta de bem-estar, agradeça e deposite nas ondas um pequeno presente: um lenço azul, um pingente de prata, uma flor etc.

Contudo, se não tiver a possibilidade de ir para junto do seio da Natureza, também poderá eliminar as negatividades de si e de sua casa. Todas as manhãs acenda uma vela branca ou uma de cera de abelhas, apoiada em um prato branco e circundada de folhas de manjericão e de sálvia (que devem ser trocadas todos os dias) e de sal grosso.

Dê um giro por todos os cômodos da casa, ordenando ao azar que vá embora e pedindo aos espíritos benfazejos que entrem em sua vida.

Quando a vela tiver acabado, compre um

chifrezinho de coral e use-o ou mantenha-o em casa, embaixo do travesseiro.

Desse modo, o mal será debelado e afastado.

Um outro método é o de confeccionar um saquinho de tecido branco (algodão ou seda), no qual você coloca sal grosso, manjericão e um prego: deve manter o saquinho embaixo do seu travesseiro por um mês, depois jogue-o no mato, pedindo à Natureza que destrua o mal.

Se você é uma pessoa vítima de inveja, pode repetir a operação. Se quiser beneficiar uma pessoa querida, confeccione o saquinho colocando dentro alguns fios de cabelo dele; o mal será absorvido pelo saquinho, e essa pessoa não será mais prejudicada.

COMO ATRAIR O AMOR

Este é um assunto espinhoso e atormentado, sobre o qual já foram escritos milhões de livros. Eis aqui uma receita simples para alcançar a felicidade no amor. É um ritual para atrair o amor em geral, a alma gêmea.

Apanhe uma vela que corresponda ao seu signo zodiacal — que será a sua representante —, uma vela vermelha como a paixão, uma vela verde como o amor e uma branca — que será aquela de sua "vítima".

Faça o ritual numa sexta-feira, dia de Vênus: unte as quatro velas com azeite e essência de rosas. Apanhe a vela do seu signo e diga, enquanto a estiver untando: "Que esta vela e a sua chama sejam eu mesma, Fulana".

Depois pegue a vela branca e diga, enquanto a estiver untando: "Que esta vela branca seja aquela do meu amor, que eu quero... (e faça uma relação das características que não podem faltar ao seu futuro companheiro)".

Depois apanhe a vela verde e, enquanto a estiver untando, diga: "Esta vela é o amor que nos unirá eternamente, e que nos fará felizes".

Por fim, pegue a vela vermelha e diga, enquanto a estiver untando: "Esta vela é a paixão que nos unirá eternamente, e que nos fará felizes".

Apanhe as duas velas que representam você e o seu futuro amor, e amarre-as na base com uma fita vermelha e outra verde. Apóie as duas velas assim unidas em um prato branco, as outras duas em dois pratos com as respectivas cores, e acenda-as.

Concentre-se nas quatro chamas que consomem as velas, aproximando o momento do encontro.

Você deve deixar queimar as velas até o fim, mas se não puder, termine o ritual na sexta-feira seguinte, começando à mesma hora.

Logo você encontrará sua alma gêmea, e nessa ocasião acenda uma vela branca como agradecimento aos espíritos.

COMO ENFEITIÇAR UMA PESSOA CONHECIDA

É trágico, mas acontece amiúde, que a pessoa que nos interessa não nos dá a mínima atenção. É quase uma tortura, principalmente se é um nosso amigo (ou amiga) e não sabemos o que fazer.

Nesse caso, um pouco de magia não faz mal.

Sabendo o seu signo zodiacal e o seu nome (em magia, possuir o nome de uma pessoa significa tê-la nas mãos!), você poderá realizar o ritual acima descrito, tendo o cuidado de dizer, enquanto estiver untando a vela do seu amor:

"Eu, X., quero que você, Y., se apaixone por mim. Eu quero assim e assim será".

Mas poderá também agir da seguinte maneira: numa sexta-feira, escreva o seu desejo em uma folha de papel, especificando o seu nome e o dele.

Dobre o papel e coloque-o em um saquinho de tecido vermelho, que você mesma confeccionou. Acrescente algumas gotas de almíscar, outras de verbena e um botão de rosa vermelha. Feche-o e mantenha-o com você até a realização do seu desejo.

Nesse ponto jogue-o em um lugar verde ou em um curso de água.

COMO TORNAR UM AMOR ETERNO (E EVITAR AS TRAIÇÕES)

Se você estiver vivendo uma bonita história de amor e quiser torná-la eterna, ou se não quiser que o seu querido se interesse por outra, aqui está um poderosíssimo ritual.

Compre uma plantinha de hera e, na terra, sob as suas raízes, enfie um bilhete onde você escreveu o seu nome e o nome dele.

Embaixo, acrescente esta frase:

"Eu, X., quero que Y. me ame eternamente e com obstinação, como eterna e obstinada é esta hera".

Desse momento em diante, a planta da hera crescerá garantindo amor eterno e fidelidade ao seu relacionamento.

COMO AFASTAR AS ENERGIAS NEGATIVAS DOS LOCAIS DE TRABALHO

É simples como tomar um copo d'água.

Toda manhã, coloque água numa baciazinha de vidro. Peça à água que absorva todos os males do dia: à noite, jogue a água no vaso sanitário.

No fim de semana, acenda uma vela branca por alguns minutos, para agradecer aos espíritos.

RECEITA PARA UM BANHO REGENERADOR E REVIGORANTE

Se não se importar em gastar um pouco de dinheiro (relativamente!), tome quatro vezes ao mês esta ducha que afastará todas as sombras negativas do seu espírito.

Compre água mineral natural. Após o banho, acenda uma vela branca e, estando em pé, derrame em seu corpo várias garrafas de água mineral, deliciando-se ao sentir um líquido tão puro escorrer por sua pele, tornando-a pura e bonita.

Faça isso nas noites de lua minguante para afastar os maus pensamentos e as obsessões, nas noites de lua nova para se animar, nas noites de lua crescente para atrair novas energias, e nas noites de plenilúnio para se purificar e estabilizar as suas energias.

AMULETOS DOADOS PELA NATUREZA

Se você encontrar uma concha, ou se uma flor ou folha bater em seu corpo trazida pelo vento, saiba que foi distinguida com um presente oferecido pela Natureza, a Grande Mãe.

Não jogue fora esses amuletos, mantenha-os em seu poder, use-os como marcadores de livros ou chaveiros, ou simplesmente coloque-os em sua bolsa ou perto da cama.

Descubra, nas formas da concha, da pedra estranha ou da folha, as milagrosas harmonias da criação, e sinta-se fazendo parte da energia cósmica.

RITUAL DE AMOR COM O TREVO DE QUATRO FOLHAS

No antigo Egito, o trevo de quatro folhas era considerado símbolo de Ísis, a Grande Deusa, e utilizado nos rituais de iniciação e em rituais para o amor e a sorte.

Se você encontrar um trevo de quatro folhas e quiser fazer um talismã para o amor, proceda da seguinte forma.

Apanhe-o, agradecendo aos espíritos por tê-lo feito achar, e não o mostre a ninguém.

Escreva com tinta vermelha numa folha de papel seu desejo de amor, quer se trate de encontrar o amor ou se refira a uma pessoa em especial.

Seja concisa e precisa no pedido.

Embrulhe o trevo com o papel e coloque-o dentro de um envelope verde.

Esconda-o em um lugar secreto e todas as noites, antes de se deitar, segure com as mãos a folha de papel que contém o trevo, concentrando-se no seu desejo.

Antes de recolocá-lo no envelope, diga estas palavras:

"Ísis, Grande Deusa, eu, X., agradeço-te o presente que me deste e rogo-te que satisfaças o meu grande desejo de amor. Guardarei este teu símbolo, mesmo quando tiver conseguido aquilo que desejo, em nome do amor que tenho por ti. Obrigada, minha Senhora".

Satisfeito o desejo, retire o trevo da folha de papel e coloque-o de novo no envelope.

CHÁ DO AMOR

Uma simplíssima receita para transformar um chá em elixir de amor é aquela que acrescenta no bule um pouco de canela e uma pitada de gengibre.

Estas duas substâncias são excitantes naturais, que realçam a fragrância do chá.

RITUAL DE PODER COM A OLIVEIRA

Considerada desde a Antiguidade a planta da paz, a oliveira é, na realidade, também um poderoso amuleto solar de potência.

Você deve apanhar um raminho de oliveira em um domingo, tendo bem em mente o objetivo que se propõe: conseguir um maior ganho de dinheiro, progredir no seu trabalho, encontrar um emprego, ter sucesso em uma determinada empreitada etc.

Na base da árvore deixe um pedaço de pão, como pagamento do ramo que está retirando. No mesmo dia, numa hora diurna, acenda uma vela dourada ou amarela e profira as seguintes palavras:

"Forças Cósmicas Solares, eu, X., consagro este ramo de oliveira", tome-o em suas mãos, "em meu favor. Desejo... (e aqui expresse o mesmo desejo de quando o apanhou), e peço a vós, Grandes Forças Solares, que me ajudem a obtê-lo. Obrigada, obrigada, obrigada".

A seguir, pegue uma tira de algodão ou de seda amarela ou dourada e amarre o raminho com três nós, repetindo a cada vez o seu desejo e o seu agradecimento.

Coloque depois o raminho em um lenço amarelo e leve-o com você, ou ponha-o perto da cama, ou no lugar onde trabalha etc.

ÁGUA DE LUA CHEIA

Se você quer adquirir muita energia, coloque nas noites de plenilúnio um copo de água mineral (natural) no peitoril da janela (é melhor do lado de fora) e deixe-o ali por toda a noite.

De manhã, beba em jejum essa magnífica poção mágica de força e bem-estar.

Serve também para estimular poderes ocultos.

ANIMAIS MÁGICOS E QUE DÃO SORTE

Todos os animais são excelentes talismãs que, além de alegrar os nossos dias, nos aproximam da Natureza e propiciam a boa sorte.

Encontrar um cão ou um gato abandonado é sinal de benevolência das Forças Cósmicas, e seria uma pena não aceitá-la! Principalmente o gato, porque é um animal mágico, elimina as negatividades, relaxa e cura a aura dos seres humanos com quem convive.

Ajudar os animais, mesmo que você não os queira em sua casa, é um ato de amor para com a Natureza, que certamente recompensará a sua generosidade.

E abandonar um animal significa atrair para si negatividades e desgraças.

A PROPÓSITO DE MAGIA NEGRA

A Natureza e o Cosmo são constituídos de uma energia neutra, nem boa nem má. É sua utilização que a torna positiva ou negativa. Amiúde somos tentados a usar a parte destrutiva da energia, para obter vantagens, por vingança ou por outros mil motivos.

Além de discutível moralidade, praticar o mal significa desencadear forças iguais e opostas que, portanto, atingem o operador mágico após ter alcançado o objetivo do ritual nefasto. É denominado "golpe de retorno" e pode não atingir apenas aquele que desencadeou as forças negras, mas também uma pessoa querida.

Cada um deve seguir a própria consciência, todavia é preciso também conhecer muito bem aquilo que nos espera.

A PIRITA ATRAI-DINHEIRO

A pirita, ou "ouro dos trouxas", é um mineral muito bonito de se ver, com estrutura geométrica cúbica e a cor brilhante do ouro. Embora de escasso valor monetário, possui uma incrível capacidade de atrair dinheiro. Compre uma pirita e mantenha-a por três dias em um copo com sal: dessa forma, as eventuais negatividades presentes serão expulsas.

No terceiro dia, numa hora diurna, pegue a pirita e segure-a por alguns minutos, sem pensar em nada de específico, porém considerando-a parte da sua aura. Você sentirá a pirita esquentar e vibrar: nesse ponto, diga as seguintes palavras dirigidas ao Deva (espírito) do mineral:

"Obrigada, Deva da pirita, por teres dado acolhida ao meu espírito e por me doado o teu. Eu, X., peço-te que satisfaça este meu desejo (faça o seu pedido com clareza). Confio a ti e a tua energia o meu desejo. Obrigada, obrigada, obrigada".

Embaixo da pirita (que não deve ser fechada numa gaveta!), coloque uma cédula de dinheiro. Os resultados surgirão rapidamente.

Quando perceber que não tem mais necessidade da pirita, agradeça a ela por tudo que fez por você e a dê de presente a alguém que possa usufruir seu poder.

O PERFUME DA BRUXA

O perfume é fundamental na magia: da mesma maneira que a cor, exprime vibrações que estimulam pontos sensíveis do nosso ser e atingem várias entidades.

Perfumes à base de âmbar gris e *musk*, dois elementos de origem animal, são muito afrodisíacos, excitando os próprios e alheios sentidos eróticos.

O sândalo, que possui forte característica anti-séptica e purificadora, é um aroma muito apreciado pelos espíritos e confere aos seres humanos determinação e prestígio. É muito útil em ocasiões difíceis, como durante os exames.

O almíscar, que lembra o *musk*, é de origem vegetal e, além de proporcionar um profundo bem-estar espiritual, é capaz de excitar os sentidos.

As flores brancas e seus suaves aromas

são indicados para acalmar e avivar as mentes cansadas.

As especiarias, como a canela e a pimenta, além de ser afrodisíacas, estimulam a vitalidade.

As plantas aromáticas como o manjericão, o alecrim e a segurelha são eróticas e refrescantes. Além disso, o alecrim estimula a memória: uma gota de sua essência em um copo de água quente, mantido junto de você enquanto estuda, é ideal para ajudar a memória.

Usar um perfume para cada ocasião ou criar um pessoal, é uma questão de gosto. O importante é colocá-lo nos pontos estratégicos do corpo: nos pulsos, nas dobras dos cotovelos, dos joelhos e entre os seios, atrás das orelhas e na nuca, e no plexo solar. É fundamental borrifar o corpo, sabendo conscientemente estar operando uma magia.

Antes de um encontro amoroso, convém perfumar-se à luz de uma vela vermelha, untando essa mesma vela com a essência que usamos para nós. Ou, analogamente, antes de um encontro de negócios, diante de uma vela dourada. E assim por diante.

Nos momentos de meditação e relaxamento, pode-se pôr uma gota de essência entre os olhos, pouco acima dos supercílios. Isso vai estimular as suas capacidades ocultas, e o próprio espírito será profundamente beneficiado.

BANHO AFRODISÍACO

Antes de um encontro amoroso ou sexual, ou também para atrair uma pessoa, podemos tomar o seguinte banho, carregando-nos com uma forte aura sedutora:

Encha a banheira com água quente (sem ferver) e coloque as seguintes essências; dez gotas de *ylang-ylang*, dez gotas de sândalo, dez gotas de essência de rosas, dez gotas de almíscar e um punhado de cravos.

Permaneça em imersão por cinco minutos em completo relaxamento, depois massageie seu corpo com delicadeza, começando dos pés e chegando até o rosto.

Saia da banheira, coloque mais algumas gotas de almíscar nas palmas das mãos e acaricie todo o seu corpo.

RITUAL DEDICADO
A QUEM FUMA

A fumaça é o resultado do fogo, da terra (no caso dos cigarros de tabaco) e da nossa energia através respiração. Pode-se transformar o ato de fumar em verdadeira cerimônia propiciatória.

Deve-se tragar o primeiro cigarro de um maço novo, dedicando-o a uma força específica: por exemplo, aos Espíritos de Vênus para o amor, aos de Mercúrio para os estudos etc., às Forças Cósmicas ou à Grande Mãe.

Antes de acender o cigarro, pense ou pronuncie estas palavras:

"Eu dedico este fogo e esta terra a ti (especificar o espírito), e peço-te que me ajude a realizar este meu desejo (especificar o desejo). Obrigada, obrigada, obrigada".

Acenda o cigarro e, ao dar a primeira tragada, concentre-se naquilo que pretende conseguir.

A CRUZ E SEUS MILAGRES

A cruz é um símbolo anterior ao Cristianismo: sua força contida em duas simplíssimas linhas era conhecida também pelas protoreligiões — basta pensar nos dólmens, verdadeiros círculos energéticos.

A cruz, portanto, não é apenas o símbolo da Paixão de Cristo, mas um verdadeiro receituário de forças positivas: produz equilíbrio, restaura a mente, dá forças para continuar até mesmo nos momentos mais obscuros da vida, afasta as energias negativas e protege dos ataques de forças ocultas.

A cruz também pode ser "programada", isto é, consagrada a um determinado objetivo: dessa forma, protegidos e estimulados pelo seu poder, nos será bem mais fácil alcançar um determinado resultado.

Para a programação, procede-se da seguinte maneira: adquira uma cruz nova, de ouro, prata ou cobre, ou construa uma com dois raminhos de oliveira consagrados (se não forem, basta imergi-los em água benta ou água e sal), e em um domingo, dia do Senhor, segure-a entre as mãos e, olhando para leste, profira as seguintes palavras:

"Esplêndida cruz bendita, eu a consagro à minha pessoa para que você possa propiciar-me paz, amor e prosperidade. E peço-lhe que me ajude a realizar este meu desejo: (expresse-o com suas próprias palavras)".

Depois volte-se para o norte, oeste e sul, pronunciando a cada vez a mesma fórmula. Nesse ponto, a cruz estará consagrada e programada para você e para seu objetivo, e os resultados não se farão esperar.

O COBRE, METAL DE CURA E PROPICIADOR DE AMOR

Desde tempos antiqüíssimos, este metal é considerado um talismã da saúde e do amor: seu campo energético cura os pequenos achaques do homem, estimula o bom humor e o relacionamento com os outros.

Use-o na forma de pulseira ou de anel e, quando quiser purificá-lo, exponha-o aos raios de Vênus, ao entardecer.

MASSAGEM PURIFICADORA E ENERGIZANTE COM AS PLANTAS

Como já vimos, as plantas são poderosíssimos centros de energia, e até um simples passeio a um bosque traz bem-estar. Co[n]tudo a massagem e a *touch therapy* feitas [com] determinadas plantas podem apressar [pro]cessos de cura e de purificação.

Abrace um eucalipto e apóie a testa no tronco, se tiver necessidade de refrescar e acalmar as vias respiratórias.

Deite-se e apóie as plantas dos pés em um carvalho adulto, mas não velhíssimo, se quiser entrar em contato com as forças da Natureza e readquirir energias perdidas ou agredidas pelo estresse.

Massageie o rosto com folhas de feto, se deseja readquirir o bom humor.

Abrace um cipreste, para recuperar-se de uma grande perda, de uma desilusão, ou se os problemas do dia-a-dia a fizeram perder a serenidade.

Sente-se embaixo de um limoeiro, se se sentir ameaçada pelas forças negativas.

Acaricie seu corpo com uma flor de hibisco, antes de se vestir para um encontro amoroso.

Faça uma massagem, suave e lentamente, com um coco, que levará embora as energias negativas e reativará as suas barreiras energéticas.

De manhã cedo, caminhe com os pés descalços em um gramado úmido de orvalho, se quiser reativar a circulação e eliminar os resíduos negativos.

Passe pétalas de rosas nas têmporas e na testa, se estiver com uma forte dor de cabeça.

A *touch therapy* é aconselhável que seja feita com a planta viva, não poluída, na primavera e no verão, quando a Natureza está no máximo da sua potência.

MAGIA DE AMOR
COM OS LIVROS

Se quiser dar um presente a uma pessoa de seu interesse, escolha um livro que, sendo feito de papel e tinta, se presta a se tornar um ótimo e insuspeito talismã para atrair o amor.

Compre-o em uma sexta-feira e exponha-o por sete noites aos raios de Vênus, do entardecer ao nascer do sol.

Nessas noites você deverá dormir colocando embaixo do travesseiro um pedaço de seda vermelha ou verde, conforme o seu interesse seja mais carnal ou espiritual. Antes de adormecer, pense naquilo que deseja conseguir.

Na oitava noite, embrulhe o livro na seda e exponha-o à luz de uma vela vermelha ou verde, conforme a cor que foi escolhida. Pronuncie as seguintes palavras, mantendo as mãos apoiadas no livro e os olhos fixos na chama da vela:

"Você, Y., coloque-me em seu braço, coloque-me em seu coração, visto que forte como a morte é o amor".

Deixe a vela acesa a noite toda e, no dia seguinte, presenteie o livro enfeitiçado.

COMO AUMENTAR A PRÓPRIA CARGA ERÓTICA COM UM GRANATE

O nome desta magnífica pedra de muitas nuanças parece derivar da romã, da qual lembra a cor sangüínea de suas sementes.

A cor apta a despertar os sentidos eróticos é o vermelho escuro, quase preto.

Tome uma maçã vermelha, corte-a ao meio e insira um granate em forma de pingente; em seguida feche a maçã amarrando-a com uma fita vermelha e enfie, na fissura entre as duas metades, alguns cravos.

Faça a magia na manhã de uma sexta-feira de lua crescente e abra a maçã nesse mesmo dia, à meia-noite. Use o pingente a partir da manhã seguinte.

O granate tornou-se um poderoso talismã, capaz de vencer a timidez, de aumentar a vitalidade, de fazer você mais bonita e fascinante, mais quente.

PURIFIQUE-SE COM O CRISTAL DE ROCHA

O cristal de rocha ou quartzo pode se tornar um excepcional talismã para numerosas situações.

Sendo um aglomerado sólido de luz cósmica, é um propiciador de amor, de cura, e tem a faculdade de estimular as forças ocultas.

Seus poderes são numerosíssimos, e é só possuindo-o que se pode descobrir seus efeitos benéficos.

Tome um cristal e segure-o apertado em suas mãos, imaginando um raio de luz alva que se irradia da pedra e envolve você como um cálido casulo cintilante, purificando-a e enchendo-a de energia.

O cristal doará a você sua energia limpa e absorverá as suas negatividades. A cada mês, durante a lua minguante, coloque o cristal no sal, para renovar seu poder benéfico.

COMO AFASTAR UMA
PESSOA INDESEJÁVEL

Pode ser sua sogra, o cortejador insistente e, infelizmente para ele e para você, bem pouco interessante, a amiga "víbora" ou o amigo pouco recomendável de seu filho. Mais dia, menos dia, todos nós encontramos aquela pessoa indesejável, chata ou até mesmo hostil que procura perturbar a nossa paz.

Existem duas maneiras para afastar esse personagem nocivo: a primeira, ótima se quiser afastar mais de uma pessoa ou se não sabe o seu nome, é um método de autodefesa mágica e, portanto, passivo; a segunda é um verdadeiro ritual de ataque.

Para a autodefesa mágica são necessários um pedaço de tecido branco, de preferência algodão, um punhado de sal grosso, três folhas de oliveira, uma pequena cruz de prata e alguns grãos de incenso.

Na manhã de uma segunda-feira de lua

crescente, costure um saquinho com o tecido e coloque dentro o sal, as três folhas de oliveira, o incenso e a cruz, que você usou em seu corpo durante a noite anterior. Feche o saquinho, costurando-o bem forte. Depois dirija-se a três igrejas e, em cada uma delas, mergulhe o saquinho na água benta, proferindo as seguintes palavras:

"Em nome do Pai, do Filho e do Espírito Santo, eu, X., estou protegida de todo mal, mau-olhado e malefício. Amém".

Antes de sair da igreja, faça o sinal-da-cruz com o saquinho mágico.

Por sua vez, o ataque mágico serve para afastar uma determinada pessoa de quem você sabe o nome. O ritual é apenas de afastamento e deve ser feito por uma causa justa.

Para este ritual, são necessárias uma vela preta, duas brancas, uma fita também branca e um bastãozinho de incenso e sândalo.

Em uma noite de lua minguante, apanhe uma vela branca e a vela preta e amarre-as juntas, na base, com a fita; escreva em uma folha de papel:

"Em nome do Senhor da Justiça e da Misericórdia, eu, X., quero que Y. se afaste de mim para sempre e que não possa mais me prejudicar de nenhuma maneira".

Coloque a folha de papel embaixo das velas unidas e acenda-as, primeiro a branca e depois a preta. Em seguida, acenda a outra vela branca e segure-a na mão enquanto proferir a fórmula:

"Eu, X., estou protegida pela Luz, e nada poderá mais me prejudicar".

Acenda o incenso e deixe consumir as três velas.

Na manhã seguinte, jogue os restos no vaso sanitário.

COMO HARMONIZAR-SE COM AS FLORES

Nos anos 30, o dr. Edward Bach redescobria o poder das flores e utilizava suas energias para reequilibrar as das pessoas doentes.

As bruxas sempre amaram as flores e utilizaram sua magia para resolver problemas psicológicos e físicos.

Se você aprecia uma flor em especial, significa que aquela criatura está em harmonia com você, e está também em condições de ajudá-la a reencontrar a serenidade e a saúde.

Se tiver a possibilidade, cultive o seu gêmeo vegetal e trate-o com desvelo, observe-o, fale com ele, escute-o e reze em sua companhia.

Lembre-se de que a Natureza é a parte mais profunda da nossa própria essência.

Se você não tiver uma flor preferida, para

resolver algum problema pode ser útil a seguinte e breve relação:

O Girassol é a planta da coragem, da determinação, da energia canalizada e produtiva. Seu calor estimula a energia vital e anima as pessoas deprimidas e cansadas.

A Margarida proporciona sua capacidade de focalizar as próprias energias, de se concentrar no presente, tornando-a mais objetiva a respeito dos próprios intentos e necessidades. Pela sua simplicidade, é indicada para as pessoas presunçosas, para aquelas que são fechadas e insensíveis ao chamado da Natureza.

A Íris é a flor de quem se sente bloqueado como artista e, com efeito, dissolve as estruturas mentais enrijecidas e permite uma renovação.

A Camomila propicia a clareza e a paz interior, além de um correto afastamento dos problemas do dia-a-dia. Ao tomar uma xícara de camomila, acenda uma vela branca: o cansaço e o nervosismo passarão bem mais depressa.

A Rosa estimula o amor por nós mesmos e pelos outros, e ensina a aceitar as próprias fraquezas físicas e mentais. Coloque uma

Rosa diante do espelho, enquanto se maquiar ou se vestir: você se sentirá mais bonita e em harmonia com o mundo.

A Orquídea, além de ser a flor símbolo da elegância natural, estimula a abertura mental e social. Visualize-a antes de enfrentar um exame ou um problema difícil.

A Violeta pode servir nos momentos da vida nos quais você estiver se sentindo oprimida por excesso de responsabilidades, ou quando estiver perdendo o contato com a sua verdadeira identidade. Afasta as angústias e os problemas.

COMO DESENVOLVER SEUS PODERES OCULTOS COM O LÁPIS-LAZÚLI

O lápis-lazúli é uma pedra azul salpicada de palhinhas douradas: seu poder é enorme, e muitos povos na Antiguidade o consideravam o símbolo dos deuses. Olhar para ele significa entrar em sintonia com as Forças Cósmicas e abrir-se para as energias mágicas.

Seu aspecto de céu estrelado provoca ecos em nosso ser, que, apesar das muitas tentativas de esquecer isso, é parte integrante do Universo.

Para estimular as suas capacidades ocultas, você pode seguir este pequeno ritual cotidiano; os resultados serão uma maior sensibilidade mágica, uma maior serenidade interior e uma crescente alegria em sentir-se um espírito vivo e eterno.

Pegue um lápis-lazúli — melhor se for bento —, coloque-o no sal por três dias e depois mantenha-o à luz da lua, do primeiro dia do crescente ao último de plenilúnio.

De dia, coloque-o sobre um pano de seda branca. Após a última noite de lua cheia, estará pronto para ser utilizado, carregado de energias estelares.

Todas as noites, antes de se deitar, segure-o na palma da mão esquerda, e observe o céu. Respire fundo, imaginando, ou melhor, sentindo, o céu entrar em seu corpo e em sua alma.

Poderá sentir-se ligeiramente bêbada de energia!

As primeiras "sessões" com o lápis-lazúli deverão ser breves, de apenas poucos minutos, de modo a permitir ao seu espírito recuperado que se habitue à nova e reconquistada liberdade. Se se sentir amedrontada e perdida, significa que ainda é muito cedo para você redescobrir a sua essência mágica.

Então poderá segurar o lápis-lazúli na mão, sem penetrar no cosmo dele e no seu. Gradualmente, o medo desaparecerá, deixando-lhe um desejo imperioso de viver a sua dimensão mais secreta.

PEQUENO RITUAL DO SUCESSO E DO PODER

O topázio é uma gema com fortes potencialidades solares: com um ritual podem-se despertar e ativar essas faculdades.

São necessários um topázio amarelo ou laranja engastado em ouro, uma vela dourada, azeite, essência de verbena e uma toalhinha amarela. Num domingo de lua crescente, sente-se a uma mesa voltada para o sul. À sua frente coloque a toalhinha e, em cima, a vela, o azeite, a essência de Verbena e a pedra.

O engaste em ouro é indispensável para atrair as energias solares. Se você quiser alcançar um objetivo específico, grave-o sucintamente na vela, podendo também usar uma frase genérica do tipo:

"Desejo obter poder e sucesso nas minhas empreitadas".

Em seguida, unte a vela com o azeite, a

pedra com a essência. Agora imagine uma grande esfera de energia dourada, que desce do alto sobre a vela e a pedra que você está segurando nas palmas de suas mãos unidas. Sinta o calor desse fogo de poder e absorva toda a sua energia.

Quando a luz tiver desaparecido completamente, coloque a gema à sua frente e acenda a vela. Quando esta tiver se consumido quase que totalmente, pegue a pedra com a mão e agradeça aos espíritos do Sol (ou a quem preferir) por lhe terem aberto o caminho para o sucesso.

Espere que a chama se apague sozinha, e então jogue fora os restos embrulhados na toalhinha.

A essência de Verbena, que se carregou durante o ritual, será útil em situações especiais, para proporcionar a você mais energia, misturada ao perfume de sua preferência, como talismã solar cotidiano. Guarde o topázio em um envelopinho amarelo, quando não o estiver usando, e boa sorte!

OS PODERES DOS GNOMOS

Acreditar nessas maravilhosas criaturas e interagir com elas trará a você muita sorte.

Os gnomos são os espíritos da terra, vivem no subsolo ou nos bosques, mesmo que alguns apreciem as casas das cidades. Não gostam de ser vistos pelos homens, dos quais não conhecem bem as características destrutivas; entretanto, se se consegue vencer a sua desconfiança, poderão se tornar, se não amigos invisíveis, com certeza aliados na vida cotidiana.

Se puder, leve todas as semanas ou todos os meses um doce feito por você mesma a um bosque pouco freqüentado. Escolha um lugar que sentir como sendo carregado de vibrações positivas, e considere-o um local de encontro secreto com os seus futuros amigos.

Se tiver sorte, eles aparecerão, ou poderá encontrar alguns presentes para você, ou, mais ainda, sua sorte no campo das finanças aumentará consideravelmente. Lembre-se de que os gnomos são generosos porém ciumentos e caprichosos: não se esqueça deles, sob pena de ter repentinas reviravoltas em sua sorte.

Se você vive no campo, cozinhe alguma coisa também para eles: os espíritos dos bosques protegerão sua casa e a ajudarão em todas as oportunidades.

PEQUENÍSSIMOS RITUAIS E CONSELHOS PARA MIL OCASIÕES

Se necessitar de dinheiro, coloque na carteira ou na caixa registradora de sua loja uma malaquita.

Se quiser proteger seus animais domésticos de doenças e negatividades, acaricie-os todas as noites, após ter molhado as mãos com essência de sândalo.

Quer purificar um cômodo da sua casa? Coloque nos cantos saquinhos de algodão branco cheios de sal e essência de limão.

A madeira da teca é um amuleto natural: mande fazer com ela uma cruz ou um disco para ser usado no pescoço como pingente.

Se quiser um remédio natural contra as

rugas e a pele seca, pegue uma pérola natural, deixe-a por uma noite em um copo de água mineral. Na manhã seguinte, passe a pérola nas áreas de seu corpo a ser tratadas e tome a água: será um ótimo tonificante interno, útil também para melhorar a visão.

O pensamento pode operar milagres: crie frases que lhe possam ser úteis para determinados efeitos. Por exemplo: "Eu melhoro dia após dia"; "Minha vida torna-se cada vez mais bela e próspera"; "Eu me sinto cada vez melhor"; "Nada pode me causar mal". Frases mais específicas poderão ser: "Minha timidez torna-se cada vez menor"; "Eu encontrarei o emprego perfeito para mim"; "Fulano irá se apaixonar por mim".

Repita uma frase que você julgar útil todas as noites antes de se deitar e pelas manhãs durante uns dez ou quinze minutos: os efeitos dessa terapia de pensamento positivo são maravilhosos.

NOTE BEM: a imaginação (e a alma pensa através de imagens) supera a vontade. Se você deseja muito uma coisa, todavia continua a imaginar que vai dar errado, este será o resultado final. Habitue-se a imaginar apenas de forma positiva. Os milagres são do espírito.

Rir é uma forma extraordinariamente simples para manter afastados o mal e a inveja.

Se você tiver inveja de alguém, diga uma oração para aquela pessoa. A inveja passará e você será recompensada pela boa sorte.

Se é azarada no amor, compre um pingente de âmbar em forma de coração. Esta pedra aumentará o seu fascínio e sua sorte no amor. Exponha-a ao sol para carregá-la.

LEMBRE-SE: durante o crescente e a lua cheia, são feitos todos os rituais para acrescentar, atrair, consolidar; na lua minguante, todos os rituais para desatar, afastar, atingir. Toda vez que lhe acontecer algo realmente bom, agradeça aos espíritos com uma vela ou incenso. Terá assegurado futuros influxos benéficos.

Para propiciar a boa sorte para o ano que entra, compre uma liga vermelha para a noite do Ano-Novo. No dia 30, à noite, enrole-a com um raminho de visgo. Use-a durante toda a noite de 31 de dezembro, e a sorte estará assegurada.

Se quiser ter uma vida longa e feliz, use sempre uma jóia de jade. Saiba que aquela de cor verde-escura traz bem-estar e prosperidade, enquanto a mais clara proporciona serenidade e alegria.

Se você aprecia o poder, use uma jóia com pérolas e rubis.

E preste atenção: o diamante só pode ser usado por quem o merece; do contrário, problemas à vista!

Para ativar ou acelerar a cura, traje roupas brancas; para reforçar-se e energizar-se, roupas vermelhas; para acalmar-se e relaxar, roupas azuis ou azuis-marinhos.

Distribua seus afazeres de acordo com os dias da semana: segunda-feira dedique aos assuntos burocráticos, às complicadas situações de amizade, amor e trabalho; terça-feira, a tudo aquilo que se refere à esfera legal, às batalhas em todos os campos; quarta-feira, às viagens, à diplomacia, aos contatos, aos pedidos; quinta-feira, ao negócios, às vendas, aos ganhos; sexta-feira, ao amor, ao erotismo, à arte; o sábado, ao estudo, ao oculto, à estabilização; e o domingo, às grandes decisões, à exaltação dos resultados obtidos em todos os campos.

Se quiser propiciar a concepção, faça amor perto de um rio ou coloque embaixo da cama três romãs, que você comerá nos três dias seguintes ao amplexo.

Use jóias de prata se quiser atrair amor e desembaraçar situações complicadas.

Se deseja sonhos proféticos, use, ou coloque embaixo do travesseiro, uma adulária ou pedra-da-lua.

Um desejo tem maiores probabilidades de se realizar se for expresso mentalmente no momento do orgasmo, que é quando você desencadeia uma fortíssima energia.

Convém evitar ler você mesma a sorte nas cartas: se deseja um parecer seguro, utilize o *I Ching*.

Durante o período menstrual, a mulher é dotada de uma especial energia que, devido à cultura, à religião ou à educação, nem sempre é aceita.

No entanto, se conseguir aproveitar bem aquele período, utilize essa energia para se sentir ainda mais ligada à Natureza e aos seus ciclos. Porém, se não conseguir, experimente este ritual, que a ajudará a afastar a dor e o mau humor.

No primeiro dia da menstruação, apanhe uma vela branca e passe-a em seu ventre, imaginando que ela absorve a dor. Depois acenda-a e deixe-a consumir-se por inteiro.

Repita a operação nos dias seguintes, se notar algum benefício.

Do contrário, experimente manter sobre o ventre um pedaço de âmbar, que tem o poder de absorver a dor e, ao mesmo tempo, de infundir energia.

Ajude os necessitados com um ato, uma palavra ou uma verdadeira magia. Em troca, receberá a proteção dos espíritos.

Pratique o Bem ao próximo e obterá muitos benefícios.

QUANTOS...

Quantos magos, magas, bruxos, beatos e feiticeiras existem sobre a face da Terra! Quantos deles são honestos e preparados?

Eu lhe peço apenas que seja prudente.

Confie na magia que existe em você e não acredite em quem lhe promete milagres. Pois somente você poderá operar milagres em sua vida.

CONCLUSÃO

Este manual pretende ser uma conversa entre bruxas: os rituais descritos são eficazes, mas você poderá com certeza criar outros novos.

Siga seu instinto, procure viver o máximo possível em contato com a Essência, o que quer que Ela seja para você, Deus, a Grande Mãe, Jeová, Ísis ou Iemanjá.

Não se deixe ludibriar pela realidade e pelos dogmas que você não sentir como sendo seus.

A verdade é aquilo que você é, aquilo que cada criatura é: parte integrante da Natureza e do Cosmo, para os quais retorna, também, pela magia. Procure se conscientizar de que tudo é mágico, que a própria vida é um encantamento a ser vivido, transformado, criado.

Procure agir na Luz, mas aprenda também a conhecer as Trevas, a outra face da mesma moeda.

Faça crescer a sua fé, não a deixe murchar, faça-a viver.

Abraço-a, querida Irmã Bruxa, e lanço o prognóstico de que seu caminho será mais belo.

Maura